La Nouvelle Fille

Jennifer Degenhardt

Translated and Adapted by Nissa Quill
and her very talented and dedicated
students

To all of the *nouvelles filles* and the *nouveaux garçons*, may you always find friendship and community wherever you are.

TABLE DES MATIÈRES

REMERCIEMENTS

This book is not possible without the assistance of Nissa Quill's fabulously talented, energetic and persistent group of 8th graders at Walkersville Middle School. They did tremendous work translating and adapting this story from the original Spanish. However, they would not have been nearly as successful as they were had it not been for the tutelage of Nissa Quill. Only a driven and dynamic teacher would be able to properly corral the energy of middle schoolers in order to complete such a project. *Merci beaucoup,* Nissa !

Thanks also to two colleagues, Kristen Archambault and Theresa Marrama, who provided the keen eyes of editing. Readers will be thrilled for your efforts as my high school French skills would not suffice !

And *merci* to Katelin Babbitt for the beautiful cover art. Katelin is a 12th grade student at Madrid-Waddington Central School in New York state.

Merci to Françoise Piron for editing the second edition of this book. I appreciate her help immensely.

Chapitre 1
Cooper

Je m'appelle Cooper et j'ai dix-sept (17) ans. Je suis de Douglaston, au Connecticut. Je suis grand, mais pas très grand, mince, et sportif aussi. J'aime le foot et j'aime le hockey. Je fais du sport au lycée.

J'aime aussi la musique rock et la musique pop. Je n'aime pas la musique classique. Et de plus, j'aime beaucoup manger. J'aime la cuisine italienne et la cuisine chinoise. Je n'aime pas la cuisine japonaise. Mon restaurant préféré pour la cuisine italienne est Rizzuto's et mon restaurant préféré pour la cuisine chinoise est Chang's.

J'habite avec ma famille à Douglaston. Nous sommes cinq dans ma famille ; mon père, ma mère, ma sœur, mon frère et moi. Mon père s'appelle Chip et il a quarante-sept (47) ans. Ma mère s'appelle Mitzi et elle a quarante-cinq (45) ans. Ma sœur s'appelle Caitlin et elle a quatorze (14) ans. Mon frère s'appelle Sam et il a onze (11) ans. Ma famille habite dans une très grande maison au 7, Settler's Trail. La maison est blanche. Ma famille a trois voitures. Mon père a une voiture, ma mère a une voiture, et j'ai aussi une voiture.

Je suis étudiant au lycée Douglaston High School. Ma sœur est aussi étudiante là-bas. Mon frère est élève de Madison Middle School. Mon père travaille dans une banque dans la ville de New York. Ma mère ne travaille pas mais elle est volontaire pour plein d'organisations.

lycee : high school
le college : M school

Chapitre 2
Akshara

Je m'appelle Akshara Ayayi et j'ai seize (16) ans. Je suis d'origine togolaise, mais maintenant j'habite à Douglaston. Je suis une nouvelle résidente à Douglaston. Je suis très petite. Je ne suis ni grosse ni mince. Je suis de taille moyenne. J'aime bien le foot. Mon équipe préférée est l'équipe nationale du Togo. J'aime, non...j'adore manger. La cuisine préférée de ma famille est la cuisine togolaise. Bien sûr ! J'aime le riz avec de la sauce d'arachide. J'aime aussi le *fufu* et j'adore un plat togolais qui s'appelle *tchintchinga*.

J'habite avec ma famille dans un appartement, dans une nouvelle résidence qui s'appelle Heights à Douglaston. Nous sommes six dans ma famille. J'habite avec mon père, ma mère, mes sœurs et mon frère. Mon père s'appelle Amadou et ma mère s'appelle Fati. Mon frère s'appelle Philippe. Son vrai nom est Kassim. C'est un nom togolais comme le mien. Philippe a dix-neuf (19) ans et il travaille et étudie à l'université locale. L'université s'appelle UCONN Salem. Une de nos sœurs s'appelle Cherita et l'autre sœur s'appelle Nadège. Cherita a douze (12) ans et Nadège a huit (8) ans. Cherita étudie à Madison Middle School et Nadège est élève à l'école Pierson Elementary.

Mon père travaille pour une entreprise de construction qui s'appelle ME Construction. C'est une entreprise à Westchester, dans l'état de New York. Ma mère nettoie les maisons des familles de Westchester. Elle travaille pour une petite entreprise privée. Ma famille habite à Douglaston maintenant parce que le lycée de Douglaston est très bon.

Chapitre 3

Cooper

Dans deux semaines ça sera[1] la rentrée. J'ai besoin de fournitures scolaires. Cette année j'ai plusieurs nouveaux cours ; les maths AP, les sciences AP, l'histoire des États-Unis, la littérature et le français 5. Je n'ai pas de cours d'arts plastiques parce que je n'aime pas ça. J'aime la musique mais je n'ai pas de cours de musique non plus.

J'ai besoin d'aller à Staples et j'y vais[2] en voiture pour acheter des fournitures scolaires. J'ai besoin de cahiers, de papier, de crayons, de stylos et d'une nouvelle calculatrice. Je vais à Staples dans ma Jeep. J'écoute une chanson sur Spotify. La chanson s'appelle *Mercy.* C'est une chanson du groupe Madame Monsieur. Il s'agit[3] d'immigrants qui viennent d'Afrique du Nord.

---

[1] ça sera : it will be.
[2] j'y vais : I'm going there.
[3] Il s'agit : It's about.

Chapitre 4
Akshara

« Maman, je vais travailler au Greasy Spoon. Ciao !

— Ciao, ma belle. »

Maintenant je vais prendre le bus pour aller à mon travail. Je suis serveuse au Greasy Spoon. Je travaille avec d'autres francophones. L'un d'eux s'appelle Raul et il est du Cameroun. Son frère Mamadou travaille là-bas aussi. Une femme s'appelle Trinité et elle est sénégalaise. J'aime parler français avec eux. Après mon travail, je prends le bus pour Staples pour acheter des choses pour l'école. Cette année je vais au nouveau lycée, Douglaston High School. Dans le bus, j'écoute de la musique sur mon iPhone. J'écoute une nouvelle chanson d'un groupe intéressant. La chanson s'appelle *Mercy* et le groupe est Madame Monsieur. Ils ont représenté[4] la France dans le concours

---

[4] Ils ont représenté : they represented.

Eurovision 2018. La chanson *Mercy* a fini[5] en treizième place.

À Staples j'achète les fournitures scolaires dont j'ai besoin pour mes cours. J'ai quelques nouveaux cours : la biologie, la géométrie, les sciences sociales, l'anglais, le français, et la musique. Bien sûr, j'ai aussi le cours d'EPS. Mais je n'ai pas le cours d'informatique parce que je n'aime pas trop la technologie. J'ai des crayons et des stylos, mais j'ai besoin de cahiers, de classeurs, et d'une nouvelle calculatrice.

À Staples j'ai déjà les dossiers, la calculatrice, et maintenant je cherche des cahiers. Soudain, je vois un beau garçon. Il est mince et grand aux cheveux blonds et aux yeux bleus. Il a un t-shirt avec « Douglaston High School Soccer ». Comme c'est intéressant ! Est-ce qu'il est étudiant à Douglaston High School ?

---

[5] a fini : finished.

Chapitre 5
Cooper

Aïe, aïe, aïe ! Où sont les cahiers ? J'ai la calculatrice TI-89 dont j'ai besoin pour le cours de maths avec le professeur Coppock. Le cours de maths AP est très difficile, mais intéressant. Le prof Coppock est très bon. Il est sympa aussi.

J'ai aussi le papier, les stylos et les crayons dont j'ai besoin. Mais je ne vois pas les dossiers. Je vois les marqueurs et les gommes, mais je ne vois pas les dossiers. À ce moment-là, je vois une très belle fille. Elle est petite et elle a les cheveux longs, noirs et raides. Elle a aussi de grands yeux bruns. Elle porte une blouse verte avec les mots « Greasy Spoon ». À la main, elle a des cahiers, des crayons, et des classeurs.

« Salut » je lui dis.
« Salut » elle répond.
« Vous savez où sont les dossiers ?»

Avec un grand sourire, elle répond.

« Ils sont dans l'allée numéro quatre (4).

— Excellent ! Merci » je lui dis.

La fille ne parle pas beaucoup mais elle est très sympa. Et elle est très belle. Est-ce qu'elle étudie à Douglaston High School ?

Chapitre 6
Cooper

Je suis dans la voiture pour aller à la maison. C'est le premier jour de l'entraînement de foot demain. J'ai de nouveaux t-shirts, un nouveau short, de nouvelles chaussettes, et de nouvelles baskets.

« Salut, maman. Voilà ta carte de crédit. J'ai mes fournitures scolaires. Qu'est-ce qu'il y a pour le dîner ?

— Ton père ne va pas rentrer avant 9 heures. Ton frère est chez son ami, ta sœur est à sa leçon de ballet et j'ai un dîner avec mes amis. Voilà vingt dollars pour la pizzeria.

— C'est bon. Où est mon sac pour le foot ? J'ai l'entraînement demain.

— Voici ton sac. Tu as tout pour l'entraînement.

— Bon, merci ».

Avec mon iPhone j'envoie un texto à mon ami, Kyle.

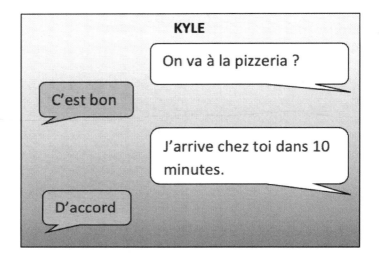

Sur le chemin, j'écoute Spotify dans ma voiture. Sur Spotify j'écoute la nouvelle chanson de Madame Monsieur. J'aime bien cette chanson. Et les paroles sont excellentes. C'est la chanson *Mercy* du concours Eurovision 2018.

Kyle monte dans la voiture.

« Salut » il me dit.

« Salut » je lui dis. « Ma famille n'est pas chez nous pour le dîner.

— Mes parents ne sont pas là non plus. C'est normal.

— Oui, mais je n'aime pas ça. J'aime dîner avec ma famille.

— Oui. On a l'entraînement demain. T'es prêt ? »

— Oui, et dans deux semaines les cours au lycée recommencent. Incroyable !

— Mais c'est la <u>dernière année de lycée.</u> Excellent !

— C'est vrai. On prend une glace après la pizza ?

— Bonne idée ».

13

Chapitre 7
Akshara

Avec mes fournitures scolaires, je prends le bus jusqu'à mon nouvel appartement à Douglaston. Je me demande « C'est qui, ce garçon ? ». Il est très beau avec les cheveux blonds et les yeux bleus. Est-ce qu'il étudie à Douglaston High School ? Est-ce qu'il joue au foot ? Est-ce que je le reverrai[6] ?

Quand j'arrive à l'appartement, je dis bonjour à ma mère, à mon frère et à mes sœurs. J'ai besoin d'organiser mes vêtements de foot parce que c'est le premier jour d'entraînement. Dans mon sac à dos, j'ai mon maillot, mon short, mes chaussettes, mes baskets, et une bouteille d'eau. Je travaille après l'entraînement et j'ai mon costume dans le sac à dos aussi.

« Sharaaaaaaaaaaaaa » crie ma mère.
« J'ai besoin de toi dans la cuisine.

---

[6] Est-ce que je le reverrai ? : Will I see him again?

14

— J´arrive ».

Je vais à la cuisine et j'aide ma mère avec le dîner. Je prépare une salade et elle prépare du riz et du poulet. À ce moment, mon père arrive.

« Bonjour, tout le monde ! »

Quelques minutes après, on est à table et on dîne ensemble.

Chapitre 8
Akshara

Je prends mon sac et je marche en direction du lycée, qui est à seulement quelques mètres de l'appartement. Quand j'arrive au lycée, je parle avec l'entraîneur White. Je lui explique que je suis une nouvelle étudiante à Douglaston High School, mais que je joue très bien au foot.

« Salut » Il me dit. « Comment tu t'appelles ?

— Je suis Akshara » je réponds.

« Bienvenue à Douglaston. Tu dois courir avec les autres filles de l'équipe.

— C'est bon. Merci ».

Je vais avec le groupe et on court sur la piste. Sur le terrain, je vois une personne que je reconnais. Il est grand et beau, et il a les cheveux blonds. C'est le garçon de Staples. Il doit être étudiant ici.

*****

Cooper

Il est dix heures du matin. On s'exerce pendant deux heures et après ça, on est tous fatigués.

Kyle me parle. « Regarde la nouvelle fille. Elle court très vite.

— Oui, elle est très sportive. Et très belle aussi.

— Tu as des choses à faire ce soir ? » Kyle me demande.

« D'abord je vais faire de l'exercice avec un entraîneur personnel. Et après ça, on va jouer au basket au Greenwidge Club. Tu veux jouer avec nous ?

— Oui, c´est bon. Envoie-moi un texto.

— D'accord ».

*****

Akshara

L'entraînement de foot est très bon pour moi. Je dribble très bien avec le ballon et M. White dit « Excellent, Akshara ».

Après l'entraînement, je parle avec une des filles. Elle s'appelle Emily. Emily est de taille moyenne avec les cheveux longs, châtains et frisés.

« Tu t'appelles Akshara? » Elle me demande.

« Oui » je lui réponds.

« Enchantée. Je m'appelle Emily et je te présente ma copine, Caroline. »

Caroline est très différente d'Emily. Elle est grande, très mince, elle a les cheveux blonds et raides. De plus, ses cheveux sont très longs.

« Salut Caroline.

— Salut, Akshara. Ton nom est très intéressant. J'aime beaucoup.

— Merci. C'est un nom togolais. Mes parents sont du Togo. Moi aussi » je lui explique.

« Oui, c'est super. Tu as des frères et sœurs ? » me demande Caroline.

« J'en ai trois[7]. J'ai un frère aîné et deux sœurs cadettes.

— Nous sommes six dans ma famille aussi » dit Caroline. « Mes frères sont jumeaux et ils ont quinze ans et ma sœur cadette a huit ans.

— Ta famille parle français ? » demande Emily.

« Oui, je réponds. On parle français chez nous mais mon frère et mes sœurs parlent anglais aussi.

— Excellent » disent Emily et Caroline.

« Bon, les filles. Je dois aller travailler.

— Tu travailles ? Où ça ? »

— Je travaille au Greasy Spoon. Je suis serveuse.

— Ok, à plus tard.

— À demain à l'entraînement. »

---

[7] J'en ai trois : I have three of them.

Chapitre 9
Cooper

C'est la rentrée, le premier jour de cours au lycée. J'assiste à toutes mes nouvelles classes et je vois mes amis. À la cantine pendant le déjeuner, nous parlons de l'été et de sport. Et bien sûr, nous parlons des filles. Kyle n'est pas là et je lui écris un texto.

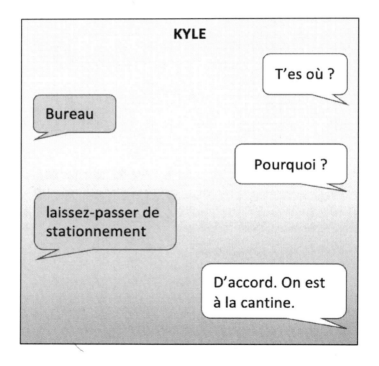

Je parle avec Matt, Ryan et Max. Nous sommes amis depuis la maternelle. Kyle joue au foot avec moi et Matt joue au football américain. Ryan pratique la lutte pendant l'hiver et Max... Max ne fait pas de sport. C'est le plus intelligent de la bande. C'est la personne intellectuelle du groupe.

« Tu as quels cours cette année, Max ?

— J'ai les maths AP avec M. Coppock, la biologie avec M. Turner, l'histoire des États-Unis avec M. Cabrera, la littérature AP avec Madame Ginn et le français 5 avec la prof folle, Madame LaPointe.

— Oh, tu as des cours difficiles. Je suis désolé.

— Les cours sont faciles pour moi. Je suis très intelligent.

— C'est vrai. Mais tu n'es pas intelligent avec les filles » je lui dis.

« HAHA ! » répond Max.

À l'autre bout de la cantine, je vois la nouvelle fille.

« Je voudrais parler avec la nouvelle fille. Max, regarde et apprends !   HA HA ! »

*****

Akshara

Je suis dans la cantine avec mes nouvelles amies, Emily et Caroline. Notre équipe de foot est très bonne. Nous voulons jouer dans le championnat de l´état.

Soudain, je vois un garçon. C'est le garçon de Staples, le garçon qui joue au foot pour le lycée de Douglaston.

« Salut » il me dit. « Je suis Cooper ».

Je regarde ses yeux bleus et je réponds.

« Salut, je m'appelle Akshara.
— Enchanté.
— Enchantée.
— Tu es une nouvelle étudiante à l'école.
— Oui.

— Je t'ai vue[8] à Staples et avec l'équipe de foot.

— Ah, oui, à Staples ».

Emily et Caroline sourient beaucoup pendant la conversation.

« J'aime ton nom. Il est très intéressant. » dit Cooper.

« Merci, c'est un nom togolais.

— C'est quoi, togolais ?» demande Cooper. « Togolais fait référence au pays d'Afrique de l'ouest qui s'appelle le Togo. Là-bas on parle l'éwé et le kabiyè. Ce sont des langues indigènes du Togo.

— C'est formidable. Quel est ton nom de famille ?

— Ayayi. Et toi ?

— Je m'appelle David Cooper Benenson, comme mon père. Tout le monde m'appelle Coop.

---

[8] Je t'ai vue : I saw you.

— Ohhhh, comme moi. Mon nom est Akshara, mais mes amis m'appellent Shara.

— Tu es Shara sur Snapchat ?

— Bien sûr. C´est avec mon nom, Akshara Ayayi.

— C´est bon si je t´écris un message ?

— Oui, cela me fera plaisir[9].

— Ben, maintenant je m'en vais[10].

— Moi aussi. Enchantée de parler avec toi.

— À plus. Enchanté, Shara.

— À plus, Cooper ».

Caroline et Emily parlent immédiatement.

« Que c´est cool, Shara. Cooper Benenson est le garçon le plus populaire et le plus beau du lycée. On est jalouse. HAHA. »

*****

Cooper

« COOOOOOOP ! » me dit Kyle. « Avec qui est-ce que tu parlais ?

---

[9] cela me fera plaisir : I'd like that.
[10] je m'en vais : I'm leaving.

— Elle s'appelle Askhara. Elle est nouvelle au lycée. Elle est très sympa. Et elle a de beaux yeux.

— Oh là là, Coop. Tous les ans, il y a une nouvelle fille pour toi.

— Non, Kyle. Cette fois c'est différent.

« Tu dis ça chaque année ! Allons en classe ».

Chapitre 10

Cooper

J'écris à Akshara sur Snapchat.

Coop Benenson

Salut, Akshara. C'était super de te rencontrer aujourd'hui. Tu aimes Douglaston ?

Akshara Ayayi

Salut. Oui, j'aime bien. Il y a bcp d'activités à faire ici ?

Coop Benenson

Bien sûr. Au printemps et en automne mes amis et moi nageons à Chelsea Port à Salem. En été nous nageons à la plage Plante. De plus, on fait du sport.

Akshara Ayayi

Bcp de personnes font du sport à Douglaston, n'est-ce pas ?

Coop Benenson

    BEAUUUUUUUCOUP

Akshara Ayayi

Qu'est-ce qu'on fait pendant l'hiver ?

Coop Benenson

On fait du ski ou du snowboard quand il y a de la neige.

Akshara Ayayi

Super. Je suis désolée, mais je dois sortir la poubelle et garder ma petite sœur.

Coop Benenson

Pas de problème. Salut.

Akshara Ayayi

Salut. À plus.

Chapitre 11

Cooper

Demain il y a un bal à La Station. Tous mes amis y vont : Ryan, Max, Kyle, et Matt. J'y vais aussi mais je veux y aller avec Akshara. Je l'invite par texto.

*****

Akshara

Je suis dans le cours de maths avec M. Coppock. C'est un de mes profs préférés. Il est très marrant et sympa. Je reçois un texto sur mon portable. C'est de Cooper. Il veut m'inviter au bal de demain à La Station. Je réponds au texto quand M. Coppock me parle.

« Shara, tu fais quoi ?

— Euh, j'écris un texto ?

— Dans le cours de maths ?

— Oui, Monsieur. C'est très important » je lui réponds un peu inquiète.

« Pourquoi c'est important ? » demande M. Coppock.

« Un ami m'invite au bal de demain.

— C'est bon » répond M. Coppock avec un sourire.

Avec un sourire, moi aussi, j'écris un texto à Cooper.

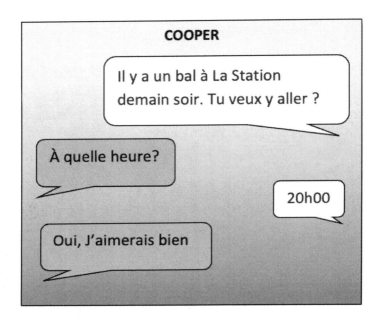

COOPER

Il y a un bal à La Station demain soir. Tu veux y aller ?

À quelle heure?

20h00

Oui, J'aimerais bien

« Shara, ça suffit. » dit M. Coppock.

Je n'ai plus le temps de terminer la conversation. J'imagine une soirée extraordinaire.

* * * * *

Cooper

Je n'ai pas de texto de Shara. Est-ce qu'elle veut aller au bal avec moi ? Après un moment, le portable indique un autre texto.

Chapitre 12
Cooper

C´est vendredi soir. Je porte des pantalons kaki et une nouvelle chemise de Vineyard Vines. Moi, j'aime bien la chemise, la couleur en particulier. La chemise est violette.

Avant de sortir de chez moi, j´écris un texto à Shara.

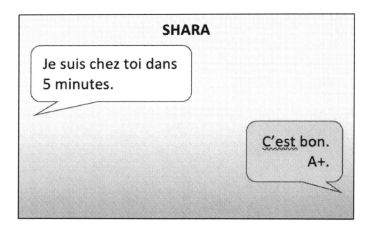

Je vais chez Akshara, je frappe à la porte et je me présente à sa mère.

« Bonjour, Mme Ayayi. Je m´appelle Cooper. Je vais sortir avec Akshara ce soir.

— Enchantée, Cooper. Un moment » dit sa mère.

« Shhhhhaaaaarrrraaaaa !

— J'arrive, maman. »

Akshara arrive à la porte et parle avec sa mère pendant un instant.

« Ciao, maman.

— Akshara, il faut que tu rentres à 23h00.

— D´accord. Merci, maman. »

Akshara embrasse sa mère et nous montons dans ma voiture.

« Tu as une bonne relation avec ta mère, n'est-ce pas ?

— Oui, très bonne. »

*****

Akshara

Après la pizza, Cooper et moi allons à La Station. Il y a beaucoup de personnes là.

Quelques garçons et quelques filles parlent avec leurs amis. Cooper et moi entrons dans la grande salle pour retrouver nos amis. Kyle, Max, et Ryan sont là avec Emily et Caroline. Nous parlons du bal et de la musique.

« Qu'est-ce que vous pensez de la musique ? » je demande aux filles.

« Elle est bonne ce soir. Le DJ est Matt.

— Super » dit Cooper. « Je vais parler avec lui. »

Cooper va parler avec Matt. Quelques minutes plus tard, Matt met une nouvelle chanson de Lara Fabian et Maurane, *Toi et Moi*. Cooper prend ma main et m'invite à danser. Quelle belle soirée !

Chapitre 13

Cooper

Ce soir, Kyle, Max, Ryan, Matt et moi regardons un match de foot professionnel. C'est un match pour la qualification à la Coupe du Monde à Moscou en 2018. Nous sommes chez Kyle quand Kyle mentionne le dîner spécial pour l'équipe de hockey. Kyle, Ryan et moi jouons dans l'équipe.

« Nous devons voler le panneau pour le cadeau de Coach G.

— Ah, oui » dit Ryan. « Allons-y après le match. »

*****

Akshara

Tous les garçons sont chez Kyle ce soir pour regarder un match de foot. Emily, Caroline et moi ne voulons pas y aller, donc nous faisons des achats au centre commercial. J'ai l'argent de mon travail et je veux acheter une nouvelle robe pour le lycée.

Emily et Caroline ont les cartes de crédit de leurs mères. Elles achètent beaucoup plus que moi, mais cela m'est égal[11].

Au centre commercial, on va d'abord au magasin Gap. Nous voyons des pantalons de toutes les couleurs : rouges, jaunes, verts, roses et bleus, et de toutes les tailles : petites, moyennes, grandes. Il y a aussi des chemises orange, jaunes, blanches, et noires. Caroline regarde les ceintures et en prend deux[12], une noire et une marron.

« C'est combien ? » demande Emily.

« 50 dollars.

— C'est bon marché » répond Caroline.

Bon marché ? 50 dollars pour une ceinture ? Je trouve ça très cher. Mais je ne dis rien. Je regarde les robes. Je vois une robe blanche et bleue que j'aime. Il y a un nouveau

---

[11] cela m'est égal : I don't care.
[12] en prend deux : picks up two of them.

prix. L'étiquette indique que maintenant le prix est $23.95. C'est un bon prix pour la robe.

Les filles et moi payons et puis nous allons à Abercrombie & Fitch. C'est à côté du GAP. La musique est très forte et nous sortons. Nous décidons d'aller à H&M. Moi, j'aime H&M parce que les vêtements ont beaucoup de couleurs et les prix sont bons. Nous entrons dans le magasin. Je vois une jolie robe mais je n'aime pas la couleur.

« J'ai faim » dit Emily.
« Moi aussi » dit Caroline.
« J'ai soif. Allons au Food Court » dit Emily.

Les filles et moi marchons jusqu'à l'autre bout du centre commercial parce que les restaurants sont loin de H&M.

Chapitre 14
Akshara

Maintenant Cooper et moi sommes amis. Nous passons beaucoup de temps ensemble au lycée et pendant le week-end. Je ne suis pas surprise quand je reçois un message de lui par Snapchat vendredi.

Coop Benenson
Salut, Shara. Tu fais quoi samedi ?

Les garçons n'écrivent pas souvent des textos. J'utilise mon portable et j'écris un message.

Shara
Salut Cooper, je dois aller à New York pour rendre visite à ma tante. Tu veux y aller avec moi ?

Ma tante est la sœur cadette de mon père. Elle s'appelle Anne et elle est ma tante préférée. Elle a trente-cinq (35) ans et elle habite à Flatbush Brooklyn avec son mari, Jean. Il est haïtien-américain.

Ils ont deux enfants, Sophie et Matthieu, qui sont mes cousins. Sophie a six (6) ans et Mathieu a quatre (4) ans. Ils sont très énergiques !

Coop Benenson
J´aimerais bien y aller avec toi.

Flatbush Brooklyn est un quartier avec beaucoup d´immigrants. Il y a des Sénégalais, des Congolais, des Afro-Américains, des Italiens, et des Juifs aussi. C´est un endroit multiculturel.

Chapitre 15

Cooper

Le jour de notre visite à New York, Akshara et moi prenons le train Metro North de la gare de Douglaston. Nous achetons les billets et attendons le train sur le quai.

Après quelques minutes, le train arrive et nous montons. Nous parlons pendant les quarante-cinq (45) minutes de trajet entre Douglaston et New York.

« On fait quoi à New York, Shara ?

— Cooper, j'ai prévu[13] plein de choses pour la journée. D'abord on va déjeuner au restaurant franco-sénégalais Café Rue Dix. Après ça, on va visiter l'église Flatbush Dutch Reformed. Le musée de l'église est ouvert le mercredi, le jeudi, le vendredi et le samedi. Mais c'est fermé aux visiteurs le dimanche, le lundi, et le mardi. Ensuite, on va regarder les peintures murales des artistes des Caraïbes de

---

[13] j'ai prévu : I planned

Flatbush. Les peintures murales sont sur les bâtiments du quartier.

— C'est intéressant ! » dit Cooper.

Shara et moi écoutons le contrôleur.

« Flatbush Avenue – Brooklyn College. »

Nous allons à l'église et visitons le musée. Il est fascinant. J'aime beaucoup. Ensuite, on regarde les peintures murales. Plusieurs peintures sont des images de la vie de tous les jours du quartier, mais il y en a d'autres aussi. Enfin, nous allons à l'appartement de la tante d'Ashkara. Pendant que nous nous promenons, Ashkara m'explique la signification des peintures murales.

Nous devons apporter un cadeau à l'oncle et à la tante d'Ashkara, donc nous entrons dans une épicerie. Il y a de tout dans l'épicerie : des fruits, des légumes, du lait, des fleurs... On prend des fleurs pour les adultes et des bonbons pour les enfants.

Chez Shara, nous parlons beaucoup et les enfants dessinent avec des marqueurs. Nous mangeons le tchintchinga que sa tante a préparé. Il est très délicieux.

Dans le train de retour, Shara et moi nous reposons. Nous avons passé une excellente journée au Ti Ayiti (créole pour « La Petite Haïti »). C'est une partie de New York qui est entièrement nouvelle pour moi.

Chapitre 16
Akshara

C'est la semaine de vacances de février. Je dois travailler trois jours pendant la semaine. Le vendredi matin, je suis au travail quand je vois Cooper et sa famille. Ils entrent dans le Greasy Spoon.

« Salut Cooper.

— Salut Akshara. Je te présente ma famille. Ça, c'est ma mère Mitzi. Ça, c'est mon père Chip, ma sœur Caitlin et mon frère Sam.

— Salut. Enchantée.

— Salut. Nous pouvons voir le menu ?» demande le père de Cooper.

« Ben, oui. Une minute. »

Je suis surprise. Les parents de Cooper ne me parlent pas. Ils ne me regardent pas. C'est un problème et je suis triste.

La famille Benenson prend le petit déjeuner et sort. Cooper me parle.

« Ciao, Shara. Je vais t'envoyer un texto cet après-midi.

— Ciao, Cooper. »

*****

Après le petit déjeuner au Greasy Spoon, mon père et ma mère parlent avec moi.

« Ton amie est très basanée » dit ma mère.

« Oui, Coop. Nous ne voulons pas de problèmes.

— Des problèmes ? Des problèmes ? Shara est ma copine et ce n'est pas un problème.

— Cooper, tu n'es pas de la même classe sociale qu'elle. Tu dois sortir avec une autre classe de fille.

— Non. J'aime Shara. C'est ma copine. »

Depuis ce jour, j'ai beaucoup de problèmes avec mes parents. C'est terrible. Je vais en avoir encore plus.

Chapitre 17
Akshara

« Shaaaaarrrraaaaa » crie ma mère.

« J´arrive ! »

J'entre dans la cuisine et ma mère me dit :

« Ashkara, les garçons ici dans le journal. Ils sont tes amis ?

— Comment ? » je réponds.

Je lis l'article qui explique que Kyle, Matt, Max et Cooper ont volé le panneau de l´équipe de hockey.

« Maman, ce n´est pas vrai. Il y a une explication.

— Shara, nous ne sommes pas aux États-Unis pour avoir des problèmes. Nous sommes ici pour avoir une vie meilleure.

— Je le sais, maman. Cooper et ses amis ne sont pas de mauvais garçons. Ils sont gentils.

— Shara, tu ne peux plus sortir avec lui.

— Mais c'est mon copain. C'est mon COOOOOPPPAAAIINNNN ! »

Ce soir-là j'envoie un texto à Cooper.

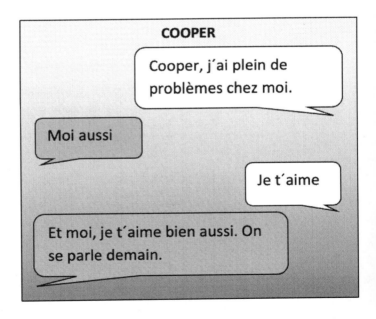

Chapitre 18

Cooper

Shara et moi, nous devons parler. Nous avons des problèmes avec nos parents. Je parle avec Shara dans la cour du lycée.

« Shara, je veux être ton copain, mais j´ai des problèmes avec mes parents.

— Moi aussi, Cooper. Ma mère dit que tu n'es pas un garçon bien.

— La situation est terrible. Qu'est-ce qu'on fait ?

— Aucune idée ».

* * * * *

Akshara

Après avoir parlé avec Cooper, je vais en cours avec ma prof préférée. C´est ma prof de français 4.

« Madame, j´ai un gros problème.

— C'est quoi, Shara ?

— Cooper est mon copain, mais ma mère dit qu´il n´est pas un garçon bien à cause de ce problème avec le panneau. Et ses parents ne m'acceptent pas parce que je suis togolaise. »

La professeur Allen comprend bien. Son mari est ivoirien. Elle me dit.

« Shara, tu dois parler avec tes parents. Ils doivent comprendre la situation. Cooper est une personne sympa. Et toi aussi, tu es une personne pleine de qualités.

— Merci, madame. »

Quand je suis dans sa classe nous écoutons une chanson. La prof adore la musique et elle met toujours de la musique en cours. C'est une nouvelle chanson de Lara Fabian et Maurane qui s'appelle *Tu es Mon Autre.*

*****

Cooper

Kyle et moi sommes à la cantine. Nous prenons une pause, parce que nous n'avons pas cours en ce moment. Je parle avec Kyle de mes problèmes avec Shara. Kyle écoute mais il ne dit pas grand-chose. Il me fait[14] écouter une nouvelle chanson, qui a de jolies paroles. C'est une chanson de Lara Fabian et Maurane qui s'appelle *Tu es Mon Autre*. La chanson me fait penser à Shara.

J'adore la chanson. C'est une chanson pour Shara et moi. Cela me donne une idée. Je vais parler avec mes parents ce soir.

Chez moi, après le dîner, je parle avec mes parents au sujet des commentaires qu'ils ont fait[15] sur Shara.

« Papa et maman, je veux vous parler de Shara. Elle est ma copine, mais il est évident que vous n'acceptez pas ce fait. Pourquoi ? »

Mon père me parle le premier.

« Coop. Ta mère et moi sommes inquiets pour toi. Les gens de notre ville n'aiment pas les personnes différentes.

---

[14] Il me fait : He makes me.
[15] ils ont fait : they made.

— Mais papa et maman, Shara est une personne bien. Oui, elle est différente, mais elle est pleine de bonnes qualités. Et à mon avis, il faut être sympa avec TOUT LE MONDE. »

Mon père me regarde et continue à parler.

« Cooper, tu es un garçon bien. Nous sommes fiers de toi. Tu as raison. Nous sommes tous humains. Peu importe les différences. »

Ma mère me dit :

« Oui, Cooper. Tu es un jeune homme plein de qualités. Merci de m'avoir enseigné[16] quelque chose d'important. Tu vas inviter quelqu'un à la prom ? Tu dois inviter Shara. Et ton père et moi allons organiser une fête pour tous les parents ce soir-là.

— Oh, papa et maman ! Merci. Vous êtes super !

---

[16] de m'avoir enseigné : for having taught me.

Chapitre 19

Cooper

C'est un jour d'avril très froid. D'habitude, en avril, il fait frais et venteux. Mais aujourd'hui, il fait froid et il neige. C'est très bizarre. D'habitude, il neige en décembre, en janvier, en février ou en mars. Il ne neige pas en avril. C'est un jour gris. Je ne parle plus avec Shara depuis longtemps. Mais je veux parler avec elle. Je veux l'inviter à la prom. J'ai une idée. J'écris un texto à Kyle. Il doit m'aider.

Je vais au terrain de football américain. Dans la neige, avec des lettres énormes, je marche et j'écris ¨PROM ? ¨. Shara est à son cours d'art. Kyle entre dans sa classe pour parler avec elle.

*****

Akshara

Le jour est terrible. Il ne fait pas soleil et il ne fait pas chaud. Il neige. Je ne parle plus avec

Cooper depuis longtemps. Aujourd´hui, je suis très triste.

Après quelques minutes, Kyle entre dans la salle de classe et m'emmène à la fenêtre. Il me dit :

« Regarde. »

Dans la neige, au milieu du terrain, je vois le mot « PROM ?», et je vois aussi Cooper. Il a des fleurs à la main. Immédiatement, je lui écris un texto.

« OUI ! »

Chapitre 20
Akshara

Le Temps

mardi, 15 avril

Panneau volé en cadeau

Les étudiants qui ont pris   le panneau

C'est la fin du mois de mai, le jour de la prom. Je n'ai plus de problèmes avec mes parents. Ils lisent le journal et apprennent que le panneau était un cadeau pour Coach. Après quelques minutes, mes parents et moi allons chez Cooper pour prendre des photos avant d'aller à la prom en bus. Et pendant que nous mangeons et dansons, tous les parents dînent chez les Benenson. Ma mère prépare du *tchintchinga* pour le dîner.

Nous prenons beaucoup de photos chez Cooper. Après ça, tous mes amis et moi allons en bus à l'Hôtel W à Greenwidge. Nous passons une excellente soirée. Nous mangeons un peu et dansons beaucoup. À la fin de la soirée, le DJ annonce.

« Cette chanson est pour Akshara et Cooper. C´est une chanson très spéciale. C´est une chanson très populaire en France. »
Il met la chanson *Toi et Moi* de Maurane et Lara Fabian.

Cooper et moi dansons toute la nuit. La vie est belle. Très belle.

Glossaire

A

a - has
à - at/in/to
Abercrombie & Fitch - retail clothing store in the U.S. that caters to young people
abord, d'abord - first
à cause de - because of
acceptent - [they] accept
achats - shopping
achète - [I] buy/ [he/she] buys
achètent - [they] buy
acheter - to buy
achetons - [we] buy
à côté de - next to
activités - activities
adore - [he/she] loves
adultes - adults
afro-américain - African American
Afrique (du Nord) - (North) Africa
ai - [I] have
aie aie aie - oh dear
aide - [I] help/ [he/she] helps
aider - to help

aime - [I] like/ [he/she] likes
aiment - [they] like
aimerais - [I] would like
aimes - [you] like
aîné - older
allée - aisle
aller - to go
allons - let's go/[we] go
ami(e) - friend
américain(s) - American
anglais - English
année - year
announce - [he/she] announces
ans - years
AP - advanced placement
à plus - see you later
appartement - apartment
appelle - [I] call/ [he/she] calls
appellent - [they] call
appelles - [you] call
apporter - to bring
apprends - learn
apprennent - [they] learn

après - after

arachide - peanut

argent - money

arrive - [I] arrive/
[he/she] arrives

artistes - artists

arts plastiques - art

as - [you] have

assiste - [I] attend/
[he/she] attends

athlétique - athletic

attendons - [we] wait

au - at the/to the/in
the

aucune - not any

aujourd'hui - today

aussi - also

automne - autumn

autre(s) - other

aux - to the/at the/in
the

avant - before

avec - with

avenir - future

avez - [you all] have

avis - opinion

avoir - to have/having

avons - [we] have

avril - April

Ayiti, Ti Ayiti - Creole
for Little Haiti

B

bal - dance

ballet - ballet

ballon – ball

bande - group

banque - bank

basané - tanned

basket - basketball

baskets - sneakers

bcp - abbreviation for
"beaucoup"

bâtiments - buildings

beau(x) - handsome/
beautiful

beaucoup - a
lot/much

belle - beautiful

ben - um

besoin - need

bien - well

bien sûr - of course

bienvenue - welcome

billets - tickets

biologie - biology

bizarre - strange

blanche(s) - white

bleu(e)(s) - blue

blonds - blond

bon(s) - good

bon marché -
inexpensive

bonbons - candies

bonjour - hello

bonne(s) - good

bout - end

bouteille d'eau - bottle of water
Brooklyn - one of the five boroughs of New York City
bureau - office
bus - bus

C

ça - that
cadeau - present
cadette(s) - younger
café - coffee shop
cahiers - notebooks
calculatrice - calculator
Cameroun - Cameroon, country in Africa
cantine - cafeteria
Caraïbes - Caribbean
carte - menu
carte de crédit - credit card
ce - this/that
ceinture - belt
cela - that
centre commercial - mall
c'est - it is
c'était - it was
cette - this/that
champ - field
championnat - championship
chanson - song

chaque - each
châtains - light brown
chaud - hot
chaussures - shoes
chemise - shirt
cherche - [I] look for
chère - expensive
cheveux - hair
chez - at/to the house of
chinoise - Chinese
choses - things
Ciao - Bye
cinq - five
classe - class
classeurs - binders
classique - classical
club - club
combien - how much/ how many
comme - like
comment - how/what
commentaires - comments
comprend - [he/she] understands
comprendre - to understand
concours - contest
conducteur - conductor
congolais - Congolese
connaître - to meet
construction - construction
contentes - happy

contrôleur - train
  conductor
conversation -
  conversation
cool - cool
copain - friend (male)
copine - friend
  (female)
costume - uniform
côté - side
couleur - color
Coupe du Monde -
  World Cup
courir - to run
cours - course(s)
court - [he/she] runs
cousins - cousins
crayons - pencils
crie - [he/she] yells
créole - Creole
cuisine - cuisine/
  kitchen

D
d' - contraction of
  de + vowel
d'abord - first
d'accord - OK
dans - in
danser - to dance
dansons - [we] dance
d'autres - other(s)
de - from, of
d'eau - of water
décembre -
  December

décidons - [we]
  decide
déjà - already
déjeuner - lunch
délicieux - delicious
demain - tomorrow
demande - [I] ask /
  he/she asks
de plus - furthermore
depuis - since/for
dernière - last
des - of the/some
dès - since
désolé(e) - sorry
dessinent - [they]
  draw
deux - two
devons - [we] must
d'habitude - usually
différences -
  differences
différente(s) -
  different
difficile(s) - difficult
dimanche - Sunday
dîne - [we] eat dinner
dînent - [they] eat
  dinner
dîner - dinner/to dine
dis - [I/you] say
disent - [they] say
dit - [he/she] says
dix - ten
dix-neuf - nineteen
dix-sept - seventeen
dois - [I/you] must

doit - [he/she] must
doivent - [they] must
dollars - dollars
donc - therefore
donne - [I] give/
    [he/she] gives
dont - of which
dos - back
dossiers - folders
douze - twelve
dribble - dribble
du - of the/from the/
    some

E
eau - water
école - school
écoute - [I] listen to
    [he/she] listens to
écouter - to listen to
écoutons - [we] listen
    to
écris - [I] write
écrivent - [they] write
église - church
élève - student
elle - she
elles - they
embrasse - [he/she]
    kisses
emmène - [he/she]
    brings
en - in/on/of them

enchanté(e) - nice to
    meet you

encore - again
endroit - place
énergiques -
    energetic
enfants - children
enfin - finally
énormes - enormous
enseigné - taught
ensemble - together
ensuite - then
entièrement -
    entirely
entraînement -
    sports practice
entraîneur - coach
entre - [I] enter/
    [he/she] enters
entrent - [they] enter
entreprise - business
entrer - to enter
entrons - [we] enter
envoie - [I] send/
    [he/she] sends
en route - on the way
épicerie - corner
    store
EPS - physical
    education class
équipe - team
es - [you] are
est - is
est-ce que - is it that
est-ce qu'il - does he
est-ce qu'il est - is he
est-ce qu'elle - does
    she

et - and
était - was
état - state
États-Unis - United
    States
été - summer
être - to be
étiquette - price tag
étudiant(e) - student
étudie - [s/he] studies
évident - obvious
éwé - indigenous
    language spoken
    in Togo
Eurovision - European
    music contest
eux - them
excellent(e)(s) -
    excellent
exercice - exercise
explication -
    explanation
explique - [I] explain
extraordinaire -
    extraordinary

F
facile(s) - easy
faim - hunger
faire - to do/to make
fais - [I/you] do/make
faisons - [we] do/[we]
    make
fait - [he/she] makes
famille - family
fascinant - fascinating

fatigué - tired
femme - woman
fenêtre - window
fermé - closed
février - February
fiers - proud
fille - girl
fin - end
Flatbush -
    neighborhood of
    Brooklyn
fleurs - flowers
fois - time
folle - crazy
font - [they] do/[they]
    make
foot(ball) - soccer
football américain -
    American style
    football
formidable - great
forte - loud
frais - cool
français - French
France - France
francophones -
    French-speakers
frappe - [I] knock
frère - brother
frisés - curly
froid - cold
fruits - fruit
fufu - starchy togolese
    vegetable dish

G

Gap - clothing brand in the U.S.
garçon - boy
garder - to watch
gare - train station
gens - people
géométrie - geometry
glace - ice cream
gommes - erasers
grand(e)(s) - tall, big
gris - gray
gros(se) - fat/big
groupe - group

H

H & M - retail clothing store that caters to young people
habite - [he/she] lives, [I] live
haïtien - Haitian
heure - hour
histoire - history
hiver - winter
hockey - hockey
huit - eight

I

ici - here
idée - idea
il - he
ils - they
il s'agit des - it is about

il y a - there is/there are
images - images
imagine - [I] imagine, [he/she] imagines
immédiatement - immediately
immigrants - immigrants
important - important
importe - is/are important
incroyable - incredible
indigènes - native
indique - indicates
informatique - computer science
inquièt(e)(s) - worried
instant - instant
intellectuelle - intellectual, smart
intelligent - intelligent
intéressant - interesting
invite - [I] invite/ [he/she] invites
invité - invited
inviter - to invite
italienne - Italian
italiens - Italian
ivoirien - Ivorian (from the Ivory Coast)

J

jaloux - jealous
janvier - January
japonaise - Japanese
jaunes - yellow
j'achète - I buy
j'adore - I love
j'aide - I help
j'ai - I have
j'aime - I like
j'arrive - I arrive
j'assiste - I am
j' - contraction of je + vowel
jean - jeans
je - I
Jeep - a type of car
jeudi - Thursday
je l'aime - I like it
je m'appelle - my name is
je n'ai pas - I don't have
je n'aime pas - I don't like
je ne l'aime pas - I don't like it
j'écoute - I listen to
j'envoie - I send
j'habite - I live
jolie(s) - pretty
joue - [I] play/ [he/she] plays
jouer - to play
jouons - [we] play
jour - day

journal - newspaper
journée - day
juives - Jewish
jumeaux - twins

K

kabiyè - indigenous language of Togo
kaki - khaki

L

l' - the/it/him/her
la - the
là - there
là-bas - over there
l'aime - [I] like it/ [he/she] likes it
lait - milk
l'allée - the aisle
l'anglais - the English
langue - language
l'argent - the money
l'autre - the other
l'avenir - the future
le - the/it/him/her
l'école - the school
l'église - the church
légumes - vegetables
l'entraînement - sports practice
les - the
l'été - the summer
l'étiquette - the price tag
lettres - letters

leurs - their
l'éwé - indigenous language of Togo
l'exercice - the exercise
l'histoire - the history
l'hiver - the winter
l'invite - [I] invite her
l'inviter - to invite her
lis - [I/you] read
lisent - [they] read
littérature - literature
locale - local
loin - far
l'oncle - the uncle
longs - long
longtemps - long time
lui - him/to him/to her
l'un - the one
lundi - Monday
l'université - university
lutte - wrestling
lycée - high school

M
M. - abbreviation for Monsieur
m' - abbreviation for me
ma - my
m'acceptent - [they] accept me

madame - Mrs.
magasin - store
mai - May
m'aider - to help me
main - hand
maintenant - now
mais - but
maison - house
mal - badly
maman - Mom
mangeons - [we] eat
manger - to eat
m'appelle - my name is/am called
marche - [I] walk
marchons - [we] walk
mardi - Tuesday
mari - husband
marqueurs - markers
marrant - funny
marron - brown
mars - March
match - match/ game
matériaux - materials
maternelle - preschool
maths - math
matin - morning
mauvais - bad
me - myself / to me
meilleure - better
même - same
m'emmène - [he/she] brings me
mentionne - [he/she] mentions

menu - menu
merci - thank you
mercredi -
 Wednesday
mère - mother
mes - my
message - message
met - [he/she] puts on
Metro North -
 commuter train
 line from New
 York City from the
 outskirts of the
 city
mien - mine
milieu - middle
mince - thin
minute - minute
m'invite - [he/she]
 invites me
m'inviter - to invite
 me
Mme - abbreviation
 for Madame
moi - me
moment - moment
mon - my
monde - world
monsieur - Mister/Sir
monte - [he/she]
 climbs
montons - [we] climb
Moscou - Moscow
mot - word
moyenne(s) -
 average sized

multiculturel -
 multicultural
murales - murals
musique - music
musée - museum

N
nageons - [we] swim
n'ai pas - [I] don't
 have
n'arrive pas - doesn't
 arrive
national - national
nécessaire - necessary
neige - snow
ne...pas - not
n'est-ce pas ? - right?
n'est pas - is not
nettoie - [he/she]
 cleans/[I] clean
ni - neither/ nor
noir(e)(s) - black
nom - name
non - no
non plus - either/
 neither
nord - north
normal - normal
nos - our
notre - our
nous - we
nouveau(x) - new
nouvelle(s) - new
nuit - night
numéro - number

O

on - we
oncle - uncle
ont - [they] have
onze - eleven
orange - oranges
organisations - organizations
organiser - to organize
origine - origin
ou - or
où - where
ouest - west
oui - yes
ouvert - open

P

panneau - sign
pantalons - pants
papa - dad
papier - paper
par - by
parce que - because
parents - parents
parking - parking
parlais - [you] were speaking
parle - [I] speak/ [he/she] speaks
parlent - [they] speak
parler - to speak
parlons - [we] speak
parlé - spoken
paroles - words

particulier - particular
partie - part
pas, ne...pas - not
passe - pass
passé - spent
passons - [we] spend
pause - break
payons - [we] pay
pays - country
pendant - during
penser - to think
père - father
personne - person
personnel - personal
personnes - people
petit déjeuner - breakfast
petite(s) - small
peu - little
peux - [I/you] can
photos - photos
pieds - feet
piste - track
pizza - pizza
pizzeria - pizzeria
place - place
plage - beach
plan - plan
plein - full
plus - more
plusieurs - many
populaire - popular
portable - cell phone
porte - [I] wear/ [he/she] wears

poubelle - trash
poulet - chicken
pour - for/in order to
pourquoi - why
pouvons - [we] can
pratique - [he/she]
    practices
préféré(e) - favorite
premier - first
prend - [he/she] takes
prendre - to take
prends - [I/you] take
prenons - [we] take
prépare - [I] prepare/
    [he/she] prepares
présente - present
prêt - ready
printemps - spring
privée - private
prix - price
problème - problem
prof(esseur) - teacher
professionnel -
    professional
prom - big dance
    usually held at
    the end of the
    school year in the
    U.S.
promenons - [we]
    walk

Q
quai - train platform
qualifier - to qualify
quand - when

quarante-cinq -
    forty-five
quarante-sept -
    forty-seven
quartier -
    neighborhood
quatorze - fourteen
que - that
quel(s) - which
quelle(s) - which
quelques - some
quelqu'un - someone
qu'est-ce qu(e) –
    what
qu'est-ce qu'il y a -
    what is there
qui - who/that
quinze - fifteen
quoi - what

R
raides - straight (hair)
raison - right
reçois - [I] receive
reconnais - [I/you]
    recognize
réfère - refers
regarde - look at
regardent - [they]
    look at
regarder - to look at
regardons - [we] look
    at
relation - relationship
rencontrer - to meet
rendre - to render

rentrée - return to school
rentrer - to return
repas - meal
répond - [he/she] answers
réponds - [I] answer
reposons - [we] rest
résidence - residence
résident - resident
restaurant - restaurant
retour - return
retrouver - to meet
riz - rice
robe - dress
rock - rock (music)
roses - pink
rouges - red
route - route/way
rue - street

S

sa - his/her
sac - bag
sac à dos - backpack
sais - [I/you] know
salade - salad
salle - room
salon - living room
salut - hi
samedi - Saturday
s'appelle - is called/ his name is/ her name is
sauce - sauce

sciences - science
sciences sociales - social studies
scolaires - for school
seize - sixteen
semaine - week
sénégalais(e) - Senegalese
sept - seven
serveuse - server
ses - his/her
seulement - only
short - shorts
si - if
situation - situation
six - six
ski - skiing
Snapchat - social media platform popular with young people
snowboard - snowboard
sociale(s) - social
sœur - sister
soif - thirst
soir - evening
soirée - party
soleil - sun
sommes - [we] are
son - his/her
sont - [they] are
sort - [he/she] leaves/ [he/she] takes out
sortir - to leave/to take out

sortons - [we] leave
soudainement -
  suddenly
sourire - smile
souvent - often
sport - sport
sportif - athletic
Spotify - digital music
  delivery service
spécial(e) - special
Staples - office
  supply store chain
  in the United
  States
stylos - pens
suffit - is enough
suis - am
super - super
sur - on
sûr - sure
surprise - surprised
sympa - nice
s'appelle - is called

T

t' - contraction of te
  or tu
ta - your
table - table
taille - size
tante - aunt
t'appelles - your
  name is/ you are
  called
tard - late

tchintchinga -
  skewered meat
  dish of Togo
te - you/to you
technologie -
  technology
temps - time
terminer - to finish
terrasse - patio
terrible - terrible
t'écris - I write you
tes - your
t'es - you are
texte - [I] text/
  [he/she] texts
texter - to text
texto - text message
Ti Ayiti - Creole for
  Little Haiti
Togo - small country
  in west Africa
togolais(e) - Togolese
toi - you
ton - your
toujours - always
tous, tout, toute(s) -
  all
tout le monde -
  everyone
train - train
travail - job
travaille - [I] work/
  [he/she] works
travailler - to work
travailles - [you] work
treizième - thirteenth

trente-cinq - thirty-five
très - very
triste - sad
trois - three
trop - too much
trouve - [I] find/
tu - you

U

UCONN - University of Connecticut
un, une - a/an
université - university
utilise - [I] use/ [he/she] uses

V

va - [he/she] goes/ [he/she] is going
vacances - vacation
vais - [I] go
vendredi - Friday
vent - wind
verte, verts - green
vêtements - clothes
veut - [he/she] wants
veux - [I/you] want
vie - life
viennent - [they] come
ville - city
Vineyard Vines - brand of clothing in the U.S.A.

vingt - twenty
violette - purple
visite - visit
visiter - to visit
visiteurs - visitors
visitons - [we] visit
vite - fast/quickly
voici - here is
voilà - there is
voir - to see
vois - [I/you] see
voiture - car
volent - [they] steal
voler - to steal
volontaire - volunteer
vont - [they] go
voudrais - [I/you] would like
voulons - [we] want
vous - you all
voyage - trip
voyons - [we] see
vrai - true

W

Westchester - county in the state of New York outside of New York City

Y

yeux - eyes
y - there

ABOUT THE AUTHOR

Jennifer Degenhardt taught high school Spanish for over 20 years and now teaches at the college level. She realized her own high school students, many of whom had learning challenges, acquired language best through stories, so she began to write ones that she thought would appeal to them. She has been writing ever since.

Please check out the other titles by Jen Degenhardt available on Amazon:

La chica nueva | La Nouvelle Fille | <u>The New Girl</u>
La chica nueva (the ancillary/workbook volume, Kindle book, audiobook)
El jersey | <u>The Jersey</u> | *Le Maillot*
Quince
La mochila | <u>The Backpack</u>
La vida es complicada
El viaje difícil | Un Voyage Difficile
La niñera
La última prueba
Los tres amigos | <u>Three Friends</u> | *Drei Freunde* | Les Trois Amis
María María: un cuento de un huracán | <u>María María: A Story of a Storm</u> | Maria Maria: un histoire d'un orage
Debido a la tormenta
La lucha de la vida
Secretos
Como vuela la pelota

Follow Jen Degenhardt on Facebook, Instagram @<u>jendegenhardt9</u>, and Twitter @JenniferDegenh1 or visit the website, www.puenteslanguage.com to sign up to receive information on new releases and other events.

ABOUT THE TRANSLATOR

Nissa Quill has been teaching French and Spanish since 1993. She is an avid traveler, a dedicated teacher and an aficionado of Illy coffee. She believes that the world is a better place when people share a love and understanding of culture and differences between people.

Made in the USA
Columbia, SC
26 September 2020

21628410R00046